FREUD

PADRE DEL PSICOANÁLISIS

TIKAL

Proyecto de Tikal Ediciones, con la colaboración de
Roberto Uriel Herrera y Rocío Cuenca Farrona
Textos: Maite Izquierdo
Maquetación: Rocío Cuenca
Diseño de cubierta: Roberto Uriel Herrera
Preimpresión: Natalia Rodríguez

© SUSAETA EDICIONES S. A
Tikal Ediciones, S.A.
C/ Campezo, 13 - 28022 Madrid
Tel.: 91 3009100
general@susaeta.com
www.susaeta.com

SUMARIO

EL NEURÓLOGO QUE EXPLORÓ LA MENTE HUMANA

El 6 de mayo de 1856 nacía Sigismund Schlomo Freud en Freiberg (Moravia), hoy República Checa y entonces parte del Imperio austrohúngaro. En esa segunda mitad del siglo XIX Europa vivía importantes tensiones y procesos de transformación. Por un lado, la revolución industrial, con el desarrollo de la ciencia y la tecnología, hacía tambalearse muchos dogmas religiosos en una sociedad de costumbres y moral rígidas. Por otro, los nacionalismos se estaban convirtiendo en los nuevos movimientos revolucionarios. Los pequeños pueblos balcánicos reclamaban su independencia, y confederaciones de estados que compartían una lengua común luchaban por la unificación y la creación de un gran Estado independiente, como ocurriría en Italia y Alemania.

En el ámbito de la ciencia y la cultura, Charles Darwin elaboraba en esos años su teoría de la evolución, en la que sostenía que el instinto y el comportamiento animal desempeñan un papel fundamental en la adaptación y supervivencia de las especies –su gran obra, *El origen de las especies*, se publicaría en 1859–. Y un nuevo movimiento, el Romanticismo, se abría paso en todos los ámbitos de la cultura, desde la literatura hasta la filosofía y el arte.

A este panorama, en Europa hay que sumar la situación del Imperio austrohúngaro, un territorio multicultural con grandes desigualdades sociales y diferentes credos religiosos en el momento en que el pequeño Sigismund venía al mundo. Fue el primero de seis hermanos, nacidos en el seno de una familia profundamente judía pero en un entorno donde el antisemitismo seguía imponiéndose. Conoció por tanto, desde niño, los prejuicios contra los judíos, el aislamiento y el rechazo.

Tal vez este contexto revolucionario y esas primeras experiencias despertaron su interés por el comportamiento humano y los impulsos inconscientes. Era un joven que desde muy temprana edad había mostrado interés por las ciencias y se sentía profundamente atraído por la teoría de Darwin. Cuando su familia se vio obligada a trasladarse a Viena buscando un mejor futuro, Sigismund acababa de leer la *Teoría de la naturaleza* de Goethe, y este ensayo le decidió a matricularse en la Facultad de Medicina para estudiar Neurología. Tenía 17 años, y aunque no profesaba a rajatabla el credo judío, el ambiente profundamente antisemita de la ciudad vienesa lo obligó a cambiar su nombre. Desde entonces, y durante el resto de su vida, se le conocería como Sigmund Freud.

Los años en Viena

Viena era por entonces la capital intelectual de Occidente, residencia de artistas, escritores, filósofos, científicos… En la Universidad dirigía la cátedra de Fisiología Erns Wilhelm von Brücke, darwinista e investigador revolucionario de la estructura de las células, considerado hoy el fundador de la fisiología. Freud estudió con él durante seis años, lo apreció mucho (puso el nombre de Ernst a uno de sus hijos) y lo consideró siempre su maestro. Bajo su tutela realizó su primer trabajo sobre la estructura del sistema nervioso, y los conocimientos que adquirió entonces se reflejarían más tarde en su psicoanálisis.

«Nunca he podido comprender por qué habría de avergonzarme de mi origen o, como entonces comenzaba ya a decirse, de mi raza. Asimismo renuncié sin gran sentimiento a la connacionalidad que se me negaba. Pensé, en efecto, que para un celoso trabajador siempre habría un lugar, por pequeño que fuese, en las filas de la Humanidad laboriosa, aunque no se hallase integrado en ninguno de los grupos nacionales. Pero estas primeras impresiones universitarias tuvieron la consecuencia importantísima de acostumbrarme desde un principio a figurar en las filas de la oposición y fuera de la «mayoría compacta», dotándome de una cierta independencia de juicio».

Sigmund Freud, *Autobiografía*

Aquellos años marcaron un antes y un después en su concepción de la medicina: de la mano de Brücke, Freud se convirtió en un darwinista convencido.

«Lo esencial [de Brücke] estaba en sus terribles ojos azules, cuya mirada me anonadó. Quienes recuerden los ojos maravillosos que el maestro había conservado en su vejez, y lo hayan visto encolerizado, pueden imaginar fácilmente lo que yo experimenté entonces».

Sigmund Freud,
La interpretación de los sueños

Ernst Wilhelm von Brücke, ▶
(1819-1892)

El viaje a París

En 1885, Freud viaja a París con una beca para asistir a
los cursos que el médico Jean-Marie Charcot imparte en
el hospital de Salpêtrière. Charcot era experto en neurosis,
especialmente en histeria, utilizaba la hipnosis como terapia y
hacía demostraciones en directo en sus clases. El joven Sigmund
enseguida quedó deslumbrado por el médico parisino. En una de
las cartas que escribe a su novia, Martha –con la que se casaría
un año más tarde– desde la capital francesa, asegura que «nadie
ha tenido hasta ahora tanta influencia sobre mí».

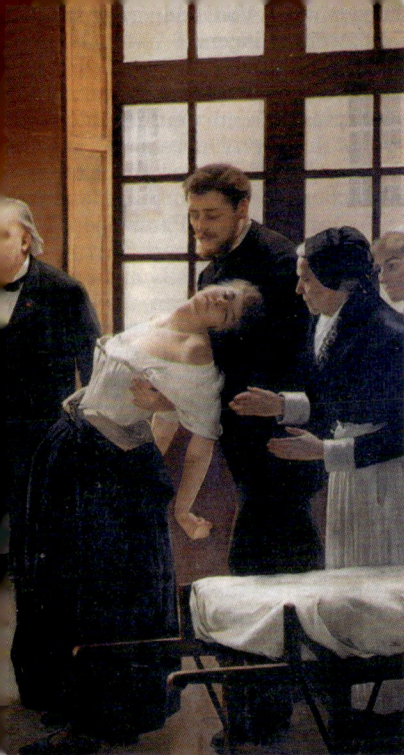

▲ Jean-Martin Charcot (1825-1893)

◄ *Una lección clínica en Salpêtrière*, cuadro de André Brouillet, 1887. En este cuadro se muestra al Profesor Charcot en una de sus sesiones clínicas, realizando sugestiones hipnóticas a una paciente con histeria.

Charcot pretendía demostrar en sus cursos la relación entre las lesiones en ciertas partes del cerebro y los traumas psíquicos como la histeria. Más tarde, Freud acabó alejándose de su maestro al sostener que la causa de la histeria no eran traumas físicos sino psicológicos, y que los problemas no comenzaban inmediatamente después del trauma sino tras un proceso de elaboración psíquica que duraba años. Así, el paciente revivía, en forma de recuerdo, la experiencia traumática mucho tiempo después de que hubiera tenido lugar: cuando ya había alcanzado la madurez sexual. Añadía, además, que el paciente ni siquiera había vivido esa primera experiencia como un trauma, pues ocurría en la infancia más temprana, cuando aún era un niño incapaz de comprenderla. Al alcanzar la edad adulta, otro suceso que no tenía por qué ser traumático le hacía recordarla. En el caso de la histeria, eran las experiencias tempranas de abuso sexual recordadas en la etapa adulta las que desencadenaban el trastorno.

Por tanto, había que «rastrear la mente» de los pacientes hasta encontrar el recuerdo que originó la histeria. Para ello, Freud empieza a utilizar el método hipnótico que Charcot empleaba en sus consultas. Durante la hipnosis, les hace preguntas que les repite tras despertarlos. Los pacientes hablan y logran «revivir», mediante el recuerdo, el trauma olvidado.

▼ Ilustración de 1893 de una mujer con histeria.

Los comienzos del psicoanálisis

Después de seis años de aprendizaje en París, Freud regresa a Viena y abre, junto a su colega vienés, Josef Breuer, su primera consulta de neurología, en la que tratarán exclusivamente a mujeres. De su experiencia en esta consulta surgen los *Estudios sobre la histeria*, una serie de artículos sobre casos clínicos que ambos publican entre 1893 y 1895. Freud aún no habla de «psicoanálisis», pero la obra puede considerarse como el germen de la teoría psicoanalítica: el terapeuta busca hallar evidencias de los mecanismos que la mente humana utiliza de modo inconsciente para reprimir recuerdos dolorosos o traumáticos y evitar así el sufrimiento o la ansiedad.

En estos se relata el caso de Anna O., una paciente de Breuer que padecía histeria. Anna O. se llamaba en realidad Bertha Pappenheim y era una aristócrata austriaca de origen judío. Breuer le formula preguntas, como suele hacer en sus sesiones. En un momento dado, la mujer le pide que no le pregunte más. «Déjame hablar», dice, pues se está dando cuenta de que siente alivio al narrar sus experiencias reprimidas. La relación terapeuta-paciente se da la vuelta: ahora es el primero quien escucha, y la segunda asocia y verbaliza libremente las ideas que se le pasan por la cabeza.

Aunque Freud no trató directamente a Bertha, su caso, y muy especialmente su petición, le hicieron reflexionar sobre sus procedimientos. Se alejó de Bauer y abandonó la hipnosis, que sustituyó por lo que denominó «asociación libre»: los pacientes recordarían sus traumas de forma consciente. Quedaba así «inaugurado» el psicoanálisis, que no es tanto una disciplina o

STUDIEN
ÜBER
HYSTERIE
VON
DR. JOS. BREUER UND DR. SIGM. FREUD
IN WIEN.

LEIPZIG UND WIEN.
FRANZ DEUTICKE.
1895.

▲ Josef Breuer (1842-1925).

▲ *Estudios sobre la histeria*. Portada de la edición original de 1895

una teoría sino un método para estudiar la mente basado en esa «asociación libre». Desde entonces nos resulta inevitable, al pensar en las consultas de los psicoanalistas, imaginar el diván, al paciente tendido sobre él, hablando libremente, y al terapeuta en la cabecera, escuchando y observando.

En ese periodo, además, Freud decide autoanalizarse con su propio método. Tiene 41 años y padece episodios de depresión y angustia, así que se anima a revisar su infancia y descubrir qué relación puede tener lo vivido de niño con su situación actual. Es, para algunos estudiosos, otro de los momentos clave en los inicios de la terapia psicoanalítica.

◀ Bertha Pappenheim (1859-1936)

«El psicoanalista debe constantemente analizarse a sí mismo. Analizándonos a nosotros mismos, estamos más capacitados para analizar a otros».

Extracto de la entrevista concedida por Sigmund Freud al periodista George Sylvester Viereck en 1926. Publicada en *Psychoanalysis and the Fut*, Nueva York, 1957.

Los sueños

En 1900 Sigmund Freud publica su obra más importante, *La interpretación de los sueños*. En ella sostiene la importancia de los sueños y propone analizarlos para buscar las conexiones entre los procesos mentales inconscientes y los trastornos neurológicos. La incorporación de este análisis de los sueños se convertirá en un elemento fundamental de su terapia, junto a la asociación libre que ya venía desarrollando.

Cinco años más tarde, en 1905, aparece una nueva publicación no menos fundamental: *Tres ensayos sobre teoría sexual*. Pero ni este ni otros libros del neurólogo vienés son bien recibidos por la rígida y prejuciosa sociedad de la época. Freud se siente incomprendido y se aísla durante un tiempo. Aunque de la tarea

▲ Tercer Congreso Internacional de Psicoanálisis, Weimar, Alemania, 1911

de difundir sus teorías se ocuparán los discípulos que ya han empezado a seguirle y continuarán haciéndolo durante muchos años: Carl Gustav Jung y Wilhelm Reich. La labor de divulgación fue extraordinaria, y en poco tiempo la obra de su maestro comenzó a llegar al gran público.

En 1908 se celebra en Salzburgo el Primer Congreso Psicología Freudiana, organizado por Jung y al que, por supuesto, Freud ha sido invitado. Y en 1910 se funda en Nuremberg la API (Asociación Psicoanalítica Internacional), dirigida también por Jung, que será su presidente hasta 1914.

Los años últimos

En los años siguientes, Freud siguió trabajando en sus teorías.
Fumador empedernido desde su juventud y adicto especialmente
a los puros, acabó desarrollando un cáncer en el paladar, que
le fue diagnosticado en 1923. A pesar del dolor que le causaba
y de las más de treinta intervenciones a las que se sometió,
continuó escribiendo y fumando hasta el final de sus días.

1930 fue un año especialmente difícil debido al ascenso
del nazismo en Alemania y Austria. Junto a otros muchos
intelectuales judíos, Freud fue perseguido y amenazado, su hija
Anna interrogada por la Gestapo y sus libros destruidos. Gracias
a sus influyentes amigos, logró huir y establecerse en Londres.

Escribió por entonces *El malestar en la cultura*, donde reflexiona
sobre la infelicidad del hombre que vive en sociedad y
el sufrimiento que provoca la represión de los deseos, necesaria
para mantener el orden social. El amor tiene también su espacio
en esta obra. El amor, dice, «cumple la función de apartar
a la persona del aislamiento y de acercarla a la comunidad
humana. Sin embargo, esta misma capacidad genera
conflictos, ya que el amor, aunque ensancha nuestro círculo
de afecto, también demanda exclusividad y devoción, creando
inevitablemente tensiones entre las necesidades individuales y
las exigencias sociales».

La vida de Freud se apagó el 23 de septiembre de 1939. Llevaba
un año refugiado en Londres, cuidado por su esposa, recibiendo
las visitas y el cariño de sus amigos y dedicado a supervisar
la publicación de sus trabajos. Ese día, su médico personal, Max

Schur, le administró varias inyecciones de morfina, cumpliendo la promesa que, a petición suya, le había hecho unos años antes: llegado el momento, Max lo ayudaría a morir.

«Detesto mi maxilar mecánico, porque la lucha con este aparato me consume mucha energía preciosa. Pero prefiero esto a no tener ningún maxilar. Aún así prefiero la existencia a la extinción. Tal vez los dioses sean gentiles con nosotros, tornándonos la vida más desagradable a medida que envejecemos. Por fin, la muerte nos parece menos intolerable que los fardos que cargamos».

Extracto de la entrevista concedida por Sigmund Freud al periodista George Sylvester Viereck en 1926. Publicada en *Psychoanalysis and the Fut*, Nueva York, 1957.

Las cartas a Martha

A lo largo de la vida y la carrera de Sigmund Freud estuvo siempre presente su esposa, Martha Bernays. Ella tenía 21 años –él 26– cuando se conocieron en Viena, donde él estudiaba. Enseguida se comprometieron, aunque la boda tardaría cuatro años en llegar. Pasaron ese tiempo separados, pues Martha se trasladó con su familia a su ciudad

natal, Hamburgo. Se escribieron más de 900 cartas, en las que el científico se muestra como un amante poeta, cariñoso y apasionado, aunque también posesivo y celoso.

«Querida princesa, cuando no estás conmigo no soy más que la mitad de un hombre. Todo en mí se inclina hacia ti, como las flores hacia el sol. Pero cuando estoy contigo, me lleno de fuerza, de esperanza y del deseo de crear un mundo digno para que lo habites».

Martha y Sigmund se casaron y tuvieron seis hijos. La pequeña, Anna, seguiría los pasos de su padre hasta convertirse en una destacada psicoanalista. Martha se dedicó al cuidado de la familia mientras su marido desarrollaba su carrera profesional, como era habitual en la sociedad de la época, y fue un apoyo constante para el neurólogo, sobre todo en los últimos años de su vida. Le insistió en que abandonara el tabaco, se refugió con él en Londres y lo acompañó en el momento final.

◀ Martha Bernays (1861-1951)

UNA SESIÓN
DE PSICOANÁLISIS

¿Cómo sería una sesión de psicoanálisis en la consulta
de Sigmund Freud? ¿Cuánto duraría? ¿Cuál es el número
aproximado de sesiones hasta finalizar el tratamiento? ¿Por qué
acudiríamos a la consulta de un psicoterapeuta que siguiera este
método?

El psicoanálisis es, más que una teoría psicológica, un método de
investigación de la mente humana y una técnica de tratamiento.

Imaginemos, pues, a una persona con trastornos de
la conducta o comportamientos que le generan ansiedad o
estrés y cuya causa no comprende; por tanto, tampoco es
capaz de manejarlos. Si esta persona acude a la consulta de
un psicoanalista, su terapeuta enfocará la terapia a partir de estas
consideraciones:

- Los comportamientos que preocupan a su paciente son
  el resultado de experiencias traumáticas que tuvo en
  la infancia y que ya no recuerda, probablemente porque
  entonces no las vivió como un trauma.

- Esas experiencias traumáticas han quedado en
  su inconsciente, y desde ahí actúan en su personalidad
  causando el trastorno.

El objetivo del terapeuta es indagar en el inconsciente con
el fin de llegar a esas experiencias, lograr que su paciente sea

consciente de lo ocurrido y que pueda, finalmente, reconocer sus traumas y manejarlos conscientemente. Para ello se utilizan diferentes procedimientos.

La importancia del entorno: la sala

En la consulta de un psicoanalista no faltará el diván. Se trata de que el paciente permanezca cómodamente recostado durante toda la sesión y, sobre todo, de que no tenga contacto visual con el terapeuta. De esta manera podrá concentrarse en lo que va a contar sin sentirse intimidado por su presencia. Por esa razón, Freud observaba y escuchaba desde su asiento, fuera del campo de visión de sus pacientes. La atención la ponía no en la persona que hablaba, sino en la palabra, en lo que decía.

Comienzo de la sesión. La asociación libre

El psicoanalista invita a hablar a su paciente, le indica que verbalice todo aquello que pase por su mente sin valorar si lo que va a decir es conveniente o viene al caso. No es necesario que la narración tenga un hilo conductor, una estructura lógica. Los pensamientos pueden fluir de forma inconexa, se puede saltar de uno a otro, y no será preciso que se esfuerce para que cualquiera de ellos tenga relación con el siguiente. El paciente tampoco ha de preguntarse si tiene sentido o no expresar lo que

desea expresar, si es importante para el proceso o si no es más que una tontería que se le ha pasado por la cabeza.

Este método lo llamó Freud «asociación libre» y es uno de los pilares del psicoanálisis, pues le procura al terapeuta una «vía directa» al inconsciente. Es habitual que durante este fluir de pensamientos afloren recuerdos de la infancia, conflictos familiares, frustraciones, deseos reprimidos, pensamientos recurrentes, incluso sueños…. Y todos tienen un significado para el psicoanalista.

«Le diremos, por tanto, [al paciente] que el éxito del psicoanálisis depende de que respete y comunique todo lo que atraviese su pensamiento y no se deje llevar a retener unas ocurrencias por creerlas insignificantes o faltas de conexión con el tema dado, y otras, por parecerle absurdas o desatinadas. Habrá de mantenerse en una perfecta imparcialidad con respecto a sus ocurrencias, pues la crítica que sobre las mismas se ha habituado a ejercer es precisamente lo que le ha impedido hasta el momento hallar la buscada solución del sueño, de la idea obsesiva, etc.».

La interpretación de los sueños

¿Qué hace el terapeuta durante la sesión?

Escucha, observa, recoge la información sobre la que más tarde realizará una interpretación. Durante este proceso, Freud documentó un fenómeno que denominó «transferencia»: el paciente comenzaba a proyectar sobre el psicoanalista sentimientos y actitudes que había experimentado en relaciones anteriores; por ejemplo, con sus padres o figuras de autoridad. Ante ello, el terapeuta podía, además de analizar estos fenómenos de transferencia e identificar patrones de conducta, «advertir» a su paciente de lo que estaba sucediendo, para hacerle consciente de esa proyección que él estaba realizando inconscientemente.

El psicoanalista presta mucha atención a los sueños, que para él son reflejo de deseos reprimidos, traumas pasados o conflictos inconscientes. Por ejemplo, si el paciente sueña a menudo con su padre, interpretará que existe un conflicto no resuelto con esa figura de su infancia. En la sesión, lo ayudará a desentrañar el significado de esos sueños.

¿Qué etapa de la vida observa el terapeuta con más detenimiento?

Fundamentalmente, la infancia, pues es la etapa en la que se forman las bases de la personalidad del individuo. Freud sostenía, además, que en estos primeros años de la vida estaba el origen de muchos conflictos que acababan manifestándose en la vida adulta, especialmente las relacionadas con el desarrollo psicosexual. Por ejemplo, ciertas fobias o patrones de conducta tienen que ver, para el psicoanálisis, con la represión de deseos en la infancia.

En la infancia se desarrollan, además, los mecanismos de defensa y la estructura de la personalidad a partir del ello, el yo y el superyó que veremos más adelante.

«En toda elaboración psicoanalítica de una biografía se consigue esclarecer la significatividad de los recuerdos de la primera infancia. Y aún, por regla general, resulta que justamente el recuerdo que el analizado antepone, el primero que él refiere, aquel con el cual introduce su biografía, demuestra ser el más importante, el que oculta dentro de sí la llave de los armarios secretos de su vida anímica».

Sigmund Freud, «Un recuerdo de infancia», en *Poesía y verdad*

¿Y si el paciente no es capaz de verbalizar sus pensamientos?

Es algo que puede suceder, ya sea porque le cuesta trabajo expresarse o porque desee evitar ciertos temas que le incomodan. Freud llamó a esto «resistencia». De nuevo, tiene su significado en el proceso, pues son manifestaciones inconscientes de la persona, que intenta protegerse de pensamientos o traumas cuyo recuerdo le causa dolor. Recogerá esto en su informe y ayudará a su paciente a superar el bloqueo e intentar comprender por qué le ha sucedido.

¿Cuándo acaba la terapia?

El objetivo del psicoanálisis es ayudar al paciente a ser consciente y entender los comportamientos que le preocupan con el fin de resolver su problema y mejorar su bienestar emocional. Al final de la terapia habrá comprendido de dónde proceden y cómo relacionarse con esos conflictos no resueltos a lo largo de su vida. Dejarán de ser inconscientes y, al hacerse conscientes, podrá integrarlos en su día a día.

Aunque depende de las necesidades del paciente y los objetivos que se quieran alcanzar, por lo general una sesión dura unos 50 minutos. La frecuencia de las sesiones es más variable: desde tres o cuatro veces a la semana en las primeras semanas hasta una sesión semanal.

En cuanto a la duración de la terapia completa, dependerá de los conflictos no resueltos de cada paciente, de sus resistencias durante las sesiones, de su narración y lo que se desvele en ella... En algunos casos, puede prolongarse varios años.

LA TEORÍA DE
LA PERSONALIDAD DE FREUD

Para Freud, la personalidad se va construyendo desde que nacemos, y en ese camino atraviesa varias etapas de desarrollo. En todas ellas, el individuo trata de llevar a la práctica sus impulsos y ha de enfrentarse a una realidad que no siempre se lo permite. Los conflictos entre impulso y realidad y los mecanismos de defensa que desarrolle para resolverlos irán modelando su personalidad adulta.

La primera tópica

A lo largo de su vida, Freud elaboró diferentes teorías para explicar la formación de la personalidad.

La primera tópica, o «teoría topográfica», describe la estructura y organización de la mente humana. Según esta teoría, existen tres áreas: el consciente, el preconsciente y el inconsciente.

El **consciente** es lo que somos capaces de percibir en un momento determinado. Por ejemplo, mientras estamos concentrados trabajando o realizando cualquier actividad, como leer, escuchar música, observar un árbol en la naturaleza… Todo aquello que nuestra mente procesa en este momento pasa a formar parte de la conciencia.

El **preconsciente** es lo que existe en nuestra mente pero no estamos utilizando en ese momento en que leemos, escuchamos

música u observamos el árbol. Aunque si quisiéramos recuperar esa información lo haríamos sin problema. Por ejemplo, seríamos capaces de responder a quien nos pregunte si finalmente fuimos al cine el día anterior y qué película vimos.

El **inconsciente** es el área donde se guardan experiencias, emociones, deseos, etc. En el momento presente al que nos estamos refiriendo, no serían accesibles desde la consciencia. Estos deseos del inconsciente están constantemente luchando por emerger hacia la conciencia para que puedan ser satisfechos. El inconsciente es para Freud la parte de la mente más extensa e importante, porque en ella sitúa los orígenes de la mayoría de los conflictos psicológicos. Y, además, porque el inconsciente es realmente lo que nos impulsa muchas veces a actuar: es desde aquí desde donde ponemos en marcha mecanismos de defensa con el fin de protegernos de emociones y sentimientos que nos causan dolor.

Por ejemplo, algunos de los deseos del inconsciente, particularmente deseos sexuales, pueden ser moralmente inaceptables para una persona y por tanto reprimidos. Permanecerán entonces en el inconsciente, sin aflorar al consciente, pero acabarán manifestándose en los sueños. De ahí que Freud diera tanta importancia a los sueños en su exploración de la mente humana y los trastornos del comportamiento.

Metáfora: el iceberg

Freud utilizaba la metáfora del iceberg para ilustrar esta representación de la mente humana. La parte que emerge del mar sería el consciente, la que se encuentra justo debajo, ya sumergida, el preconsciente, y la más profunda y extensa, el inconsciente.

La segunda tópica

La primera tópica no fue bien acogida en tiempos de Freud. Se le reprochó que diera tanta importancia al inconsciente. Entonces elaboró otra teoría, la segunda tópica, en la que no se centraba ya en la estructura de la mente sino en su dinámica y funcionamiento.

La personalidad, según esta teoría, se configura en torno a tres elementos que él denominó «instancias psíquicas»: **el ello, el yo y el superyó.** Cada una de estas instancias persigue un objetivo, y en esa persecución chocan muchas veces entre sí generando conflictos. Estos conflictos suceden siempre en el inconsciente.

El **ello** es la parte más ancestral e instintiva de nuestra personalidad. Está presente en nosotros desde el nacimiento y es la que se impone en los dos primeros años de vida, cuando aún no se ha desarrollado

el resto de las instancias. Representa, por tanto, los instintos más primarios que el individuo busca satisfacer de forma inmediata. Actúa bajo el principio del placer. Si se tiene hambre, se sentirá la necesidad de comer en ese momento.

El **yo** es nuestra parte racional y pragmática. Se desarrolla en torno a los dos años, cuando el niño empieza a darse cuenta de las consecuencias de sus acciones. Actúa bajo el principio de la realidad y nos permite tomar decisiones racionales. El yo se enfrenta a menudo al ello, pues la realidad nos obliga muchas veces a reprimir ciertos instintos que son irrealizables o nos advierte de que dejarse llevar por los impulsos primarios puede tener consecuencias catastróficas. Cuando, a pesar de todo, el ello trata de imponerse, al yo no le queda más remedio que defenderse, para lo cual recurre a ciertos mecanismos de defensa.

El **superyó** es la voz de la conciencia. Se guía por los principios, la ética y los valores. Por tanto, se va construyendo a medida que crecemos, socializamos y vamos integrando esos principios y normas de conducta, que aprendemos de las figuras de autoridad de nuestra infancia, como padres o maestros.

El superyó trata de acallar los instintos y deseos del ello cuando la satisfacción de estos va en contra de principios o normas sociales establecidas.

El ello y el superyó entran a menudo en conflicto, pues, como vemos, el superyó no tolera la satisfacción de ciertos instintos del ello y lucha por reprimirlos. Cuando esto ocurre, la persona siente ansiedad, angustia. En ese momento, el yo entra en acción, como un mediador, e intercede entre ambos con el fin último de aliviar o contrarrestar esa ansiedad nada placentera y restablecer el equilibrio. Por supuesto, todo esto sucede de manera inconsciente.

Uno de los objetivos de la terapia psicoanalítica es tratar de reequilibrar estas tres fuerzas, o al menos intentar que el desequilibrio no sea muy importante y cause grandes trastornos, pues, para Freud, el conflicto es prácticamente inevitable durante toda la vida. El ello, el yo y el superyó nunca dejarán de enfrentarse.

Metáfora: el jinete y sus caballos

Para explicar la relación entre el ello, el yo y el superyó, Freud utilizaba la metáfora del jinete y sus caballos. El yo es el jinete que debe dominar a los caballos, que son el ello y el superyó. Cada uno desea ir en una dirección, pero el jinete debe guardar un equilibrio: no será demasiado rígido ni suprimirá por completo los impulsos del ello ni los valores del superyó, pues esto provocaría mucho malestar en la persona. Pero tampoco se mostrará débil ni dejará que los caballos se desboquen en un comportamiento inapropiado. Cabalgará, pues, con seguridad y flexibilidad.

Los mecanismos de defensa del yo

¿Cómo actúa el yo para defenderse de la presión del superyó, siempre tan controlador, y del impulsivo ello? Poniendo en marcha mecanismos de defensa. No obstante, estos mecanismos tienen sus peligros. Muchas veces no solo no resuelven el conflicto sino que pueden causar problemas en las relaciones con los demás e incluso con uno mismo. Veamos algunos de ellos:

· **Desplazamiento**. Ana discute mucho con sus padres porque le prohíben volver a casa más tarde de las 12. No lo entiende, pues sus amigas no tienen ese problema en casa. Se enfada, pero lo disimula y acepta la orden porque piensa que si se rebela no le dejarán salir de ninguna manera. De camino a su habitación, se cruza en el pasillo con su hermano pequeño y le quita con rabia el juguete que tiene en las manos. El yo ha desplazado la rabia de Ana hacia sus padres a su hermano pequeño, que no es quien la ha provocado.

· **Represión**. Marcos ha olvidado un problema de salud que tuvo de niño y por el que estuvo ingresado varias semanas en el hospital. Su actual pareja, Susana, con la que lleva saliendo diez años, conoce la historia por los padres de él. Marcos jamás le ha hablado de aquello, nunca le ha dado importancia, hasta el punto de que parece haberlo olvidado. Un día ingresan a Susana para intervenirla de urgencia. Y Marcos pone una excusa tras otra para no ir a visitarla al hospital. El yo de Marcos ha borrado su experiencia de niño para evitar el dolor, aunque el episodio vive en su inconsciente y le impide volver a un hospital.

· **Sublimación**. El superyó de Fernando reprime un impulso sexual que, por una cuestión de valores y creencias, él considera inaceptable. El yo reconduce ese impulso y lo orienta hacia objetivos no sexuales y socialmente valorados. Fernando encuentra distracción en sus clases de pintura, donde no necesita pensar en nada más que en el cuadro que está pintando, en el que pone todo su interés.

· **Proyección**. Marta siente celos de su pareja porque piensa que le es infiel, cree que le gusta una compañera de trabajo y constantemente saca el tema en sus conversaciones, en las que él siempre niega que haya ningún tipo de atracción entre ellos. En realidad, es Marta quien se siente atraída por un compañero, aunque su sentimiento de culpa es tan grande que le resulta imposible reconocerlo. El yo de Marta prefiere proyectar en su pareja un incómodo conflicto creado por su superyó. Por supuesto, Marta no es consciente de la proyección, siente realmente esos celos.

· **Negación**. Corina no se encuentra bien desde hace unas semanas, está segura de que es el estrés del trabajo. Nunca ha padecido migrañas pero siempre hay una primera vez, y seguro que es el estrés. No va al médico. La realidad es que Corina está negando la posibilidad de que esté enferma porque le aterroriza la enfermedad.

La teoría psicosexual y las etapas del desarrollo

El ello, el yo y el superyo comienzan su andadura en la infancia. La infancia es, para el psicoanálisis, la etapa de la vida en que se aprenden los códigos de conducta mediante la relación con los padres, se elaboran los mecanismos de defensa y tienen lugar las experiencias traumáticas que quedarán para siempre en el inconsciente y determinarán muchos patrones de comportamiento en la vida adulta. En definitiva, es la etapa en que se forma la personalidad.

De ahí que Freud se centrara en este periodo al desarrollar su teoría. Pero, además, Freud prestó una especial atención al desarrollo de la sexualidad en esos primeros años, pues creía que desempeñaba un papel primordial en la formación del inconsciente. En 1905, poco tiempo después de publicar *La interpretación de los sueños* —de la que hablamos más adelante–, vio la luz su otra obra clave: *Tres ensayos sobre teoría sexual*, donde sostenía que la sexualidad está presente desde la infancia: los impulsos sexuales aparecen a una edad temprana y se desarrollan a lo largo de distintas fases. Sus teorías sobre la sexualidad infantil motivaron numerosas críticas por parte de la sociedad de finales del siglo xix.

«La sexualidad infantil es el fundamento de toda la vida sexual del adulto. Este hecho, que nos resulta sorprendente, encuentra su confirmación en la observación de los niños».

Sigmund Freud, *Tres ensayos sobre teoría sexual*

La teoría del desarrollo psicosexual fue una auténtica revolución en la época. En primer lugar, porque defendía que la sexualidad no comienza a desarrollarse en la adolescencia, como sostenían sus contemporáneos, sino en las primeras semanas de la vida. Y además, porque Freud aseguraba que la libido es el auténtico motor que nos mueve y determina muchos de nuestros comportamientos, no solo sexuales. Es decir, la libido no opera únicamente en la esfera sexual, sino que se halla en el origen de todas las motivaciones e impulsos, de cualquier tipo, que el individuo trata de reprimir.

Para el psicoanálisis, el desarrollo psicosexual en la infancia atraviesa por diversas fases. Para llegar a ser un adulto maduro, es necesario que cada una de esas fases se complete de manera satisfactoria. De no ser así, surgirán desajustes que podrán ser más o menos importantes.

La **fase oral** abarca desde el nacimiento hasta el primer año de vida. El niño interactúa con el mundo a través de la boca, pues es el órgano con el que obtiene mayor satisfacción: se alimenta y sacia su hambre, se chupa el dedo, succiona del pecho de su madre, explora los objetos… La boca es en esta etapa la principal zona erógena.

- Si se impide al niño satisfacer esos impulsos y esta fase no se cierra correctamente, cuando llegue a la edad adulta tendrá problemas de adicciones o de dependencia emocional, por ejemplo.

La **fase anal** ocupa los dos años siguientes de la vida. En ella el niño aprende a controlar sus esfínteres y eso le satisface, pues le hace adquirir autonomía y se siente bien por ello.

- Si esta fase no se cierra correctamente, en su vida adulta este niño podría tener, por ejemplo, una obsesión con el orden, por que todo esté organizado y bajo control o, al contrario, será una persona rebelde y desorganizada.

La **fase fálica** comprende de los tres a los seis años y los genitales son la principal zona erógena. Los niños y niñas sienten curiosidad por las diferencias entre ellos, particularmente por las diferencias entre sus genitales. Surge el complejo de Edipo, según el cual el niño se siente atraído por la madre y teme al padre (más tarde, Carl Jung definiría el «complejo de Electra» para extender el complejo de Edipo a las niñas).

- Si falla la identificación con el progenitor de su mismo sexo, este niño será un adulto con dificultades para establecer relaciones de tipo romántico.

Desde los seis años hasta la pubertad tiene lugar un **periodo de latencia**, en el cual aparece el pudor. El niño reprime sus impulsos sexuales y se centra en actividades como el juego, aficiones, etc., y en el desarrollo de habilidades sociales.

- Si esta fase no se realiza correctamente, cuando llegue a adulto le costará trabajo relacionarse con los demás.

Tras el periodo de latencia se desarrolla la **fase genital**. Coincide con la adolescencia, cuando el deseo sexual es más difícil de reprimir. Al final de esta fase el individuo habrá alcanzado la madurez sexual y estará preparado para dar y recibir no solo placer, también amor.

- Si esta fase no se cierra correctamente, será un adulto con dificultades para entablar relaciones sexualmente satisfactorias.

Como vemos, para Freud la no satisfacción de los impulsos de la libido en los primeros años dejará huella en nuestro inconsciente y tendrá repercusiones en la vida adulta. Sus contemporáneos lo tacharon de determinista por estas ideas y por defender que los instintos nos definen y el inconsciente maneja nuestro comportamiento.

LA INTERPRETACIÓN
DE LOS SUEÑOS

En 1899, Freud publicó su obra más influyente y conocida, *La interpretación de los sueños*, considerada como uno de los grandes hitos en la historia de la psicología. Hasta entonces, los sueños se consideraban parte de la actividad cerebral y la ciencia apenas les daba importancia. Freud desafió el positivismo científico imperante en la época, según el cual todo debía explicarse desde la razón. A contracorriente, defendió que gran parte del comportamiento humano era irracional. Y que los sueños podían ayudarnos a entender ese comportamiento. ¡Claro que tenían significado! Para él, no eran meras imágenes que el cerebro produce de manera aleatoria sino auténticas expresiones del inconsciente. Pero Freud era un científico, por tanto desarrolló un procedimiento científico para interpretarlos, encontrar los deseos ocultos de sus pacientes y poder así trabajar en sus conflictos.

Su método, que tardaría años en aceptarse, significó la consolidación del psicoanálisis. Señaló la tercera de las tres heridas que, según él, la humanidad ha sufrido en su amor propio:

- La Tierra no es el centro del universo (Copérnico).

- El hombre no es el centro de la creación (Darwin).

- No somos los dueños de nuestra mente (Freud).

«Los sueños son el primer eslabón de una serie de formaciones psíquicas [...] su valor es más teórico que práctico y nos pueden ayudar a explicar la génesis de las fobias, neurosis e ideas obsesivas [...] Cada sueño se revela como una formación plena de sentido a la que cabe asignar un lugar preciso en la actividad consciente».

Sigmund Freud, *La interpretación de los sueños*

El papel protector de los sueños

Ana planea un viaje largamente esperado. Hace meses que lo prepara, y la fecha está ya muy cerca. En menos de una semana viajará a Sri Lanka, y se siente ansiosa, no ve el momento de partir, teme perder el vuelo y que su viaje se frustre. Hoy soñó que estaba en un parque nacional donde había elefantes y un lago.

Para el psicoanálisis, los sueños desempeñan dos papeles fundamentales. Por un lado, nos protegen de pensamientos o conflictos que nos asaltan mientras dormimos; con el fin de evitar que despertemos súbitamente para intentar resolverlos, la mente los envuelve en este tipo de narraciones oníricas.

Por otro, en los sueños damos rienda suelta a nuestros deseos. Mientras soñamos, todos son posibles.

El sueño de Ana aúna bien esos dos papeles. La sitúa en un paisaje simbólico que bien podría ser Sri Lanka. Por un lado, la protege de su angustia: Ana duerme sin sobresaltos porque no perdió el vuelo. Por otro, su deseo se cumple.

Otro ejemplo de sueño «protector» podría ser el siguiente: hemos cenado algo salado que nos dará sed durante la noche. En vez de levantarnos a beber agua, interrumpiendo el descanso, soñamos que bebemos, lo cual consigue «calmar», aunque sea de forma engañosa, nuestra sed, y permitirnos seguir durmiendo. Este sueño lo tenía el propio Freud a menudo, y así lo interpreta en su obra.

La censura onírica

Los ejemplos comentados
se refieren sueños sencillos,
coherentes, pero sabemos
que muchas veces no
hay ninguna coherencia
en lo que soñamos, pues
nuestro inconsciente elabora
los deseos reprimidos de
forma simbólica. Y otras
veces, tampoco parecen tener
nada que ver con la realización
de ningún deseo. ¿Cómo
interpretaba Freud ese tipo de
sueños?

Partiendo de que para el
psicoanálisis todo sueño
es interpretable, la clave,
en el caso de aquellos que
parecen incoherentes, es no
pretender comprenderlos
en su totalidad, sino atender
por separado a cada uno
de los elementos que
lo conforman. También
apuntaba Freud que, a veces,
el cumplimiento de un deseo
aparece en nuestros sueños
disfrazado e irreconocible.

En ese caso, el terapeuta debe preguntarse de qué material ha surgido ese sueño que parece no cumplir un deseo: algún suceso reciente en la vida de su paciente, al que por lo general este no habrá dado apenas importancia, su estado de ánimo o alguna otra circunstancia. Un análisis más profundo revelará, según él, que también estos sueños cumplen algún tipo de deseo.

Es lo que sucede con las pesadillas. Por ejemplo, Ana sueña que ha suspendido el examen de Física. El terapeuta se interesa por lo que hizo Ana en los días precedentes y deduce que no está preparando convenientemente el examen, aunque ella asegura que cada día dedica un tiempo al estudio. Probablemente llegará a la conclusión de que Ana se siente culpable porque en el fondo sabe que no se está esforzando lo suficiente y su inconsciente «ha decidido» que merece ser castigada por ello con un suspenso. De manera inconsciente, Ana desea ese castigo.

«Debo, pues, afirmar que los sueños poseen realmente un significado, y que existe un procedimiento científico de interpretación onírica».

Sigmund Freud, *La interpretación de los sueños*

Esta tarea de «disfrazar» deseos o emociones la realiza lo que Freud llama «censura onírica», cuya función principal es presentar deseos inaceptables para el consciente (en el caso de Ana, desear un castigo que merece) de una manera simbólica y más aceptable para ella. Así, en vez de aparecer en el sueño como una irresponsable que ha eludido su obligaciones (estudiar para el examen), lo cual sería demasiado duro para Ana, la censura onírica actúa y simplemente recibe el lógico suspenso. Aunque parezca un sueño negativo, cumple una función de equilibrio emocional: el sueño alivia su sentimiento de culpa por no haber estudiado, es decir, le permite resolver su conflicto interno. Y el alivio es tal que Ana sueña sin despertar.

Finalmente, un psicoanalista siempre tendrá en cuenta las circunstancias del paciente y su estado de ánimo, sus recuerdos y todo aquello que verbaliza en la consulta, incluso los detalles aparentemente insignificantes. Todo puede estar relacionado con sus deseos y con sus sueños.

EL PSICOANÁLISIS DESPUÉS DE FREUD

Las teorías de Freud, como hemos visto, no fueron bien recibidas en su tiempo. En sus últimos años, se sintió solo y aislado: estaba enfermo, los nazis habían llegado al poder y él era judío, y sus contemporáneos no aceptaban sus ideas.

Fueron sus discípulos quienes comenzaron a difundirlas, aunque discreparon de su maestro en algunas cuestiones. El más destacado de ellos fue Carl Gustav Jung.

La psicología analítica de Jung

Carl Gustav Jung (1875–1961) dio al psicoanálisis freudiano un enfoque más espiritual. Consideraba que la libido va más allá de lo puramente sexual, que es una fuerza más amplia que incluye también la creatividad, la cultura, la espiritualidad, aspectos que influyen en el comportamiento humano tanto como la sexualidad. Se convirtió en el fundador de la psicología analítica.

En cuanto al concepto de inconsciente, Jung fue más allá al acuñar el término «inconsciente colectivo». Según él existen, además del inconsciente individual, unos patrones de pensamiento y conducta universales, comunes a toda la humanidad, que constituyen el inconsciente colectivo y se manifiestan en los sueños, la creatividad y las expresiones de todas las épocas y culturas. Los llamó arquetipos —los recogemos en las fichas que acompañan a este libro—.

Estos arquetipos permanecen en nuestro inconsciente, no sabemos que los tenemos, pero influyen en nuestro comportamiento y nuestra manera de ver el mundo.

Principales críticas a las teorías de Freud

Reduccionismo. Sus contemporáneos lo acusaron de reducir el comportamiento humano a los impulsos sexuales y los deseos del inconsciente. Lo hicieron incluso algunos de sus discípulos, como Jung, que trató de ir más allá ampliando el concepto de libido para incluir en él otras esferas de la vida, como la cultura o la espiritualidad. La teoría psicosexual de Freud recibió numerosas y exaltadas críticas por parte de la sociedad de la época, sobre todo en lo referente al desarrollo sexual, que para él no comenzaba con la pubertad, sino que estaba presente ya en las primeras semanas de vida.

Falta de rigor científico.
Freud basó sus teorías en
la observación de sus pacientes,
es decir, en apreciaciones
subjetivas difíciles de verificar, y
en casos clínicos individuales y
no fáciles de extrapolar, todo lo
cual queda bastante alejado del
método científico. No obstante,
los métodos científicos usados
hoy en día en psicología y
neurociencias dan mayor validez
al psicoanálisis freudiano.

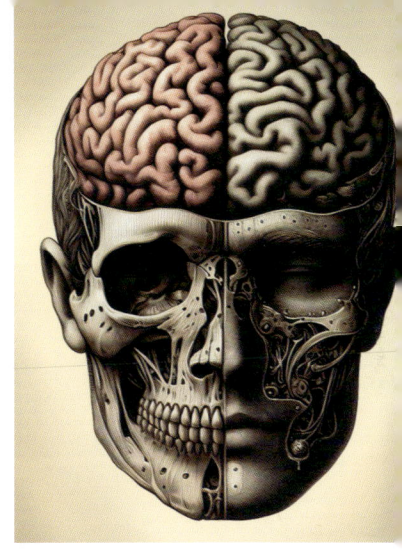

Negatividad. Muchos criticaron su visión pesimista del desarrollo
humano, impulsado por conflictos internos y deseos reprimidos
contra los que nuestra razón lucha constantemente. Además,
presentaba la infancia como una fuente de traumas que
marcarán nuestro comportamiento en la vida adulta: tenemos
cicatrices emocionales prácticamente desde el nacimiento.

Planteamiento simplista. Su división de la mente en tres
componentes –yo, ello y superyó– ha sido tachada de simplista.
Esta división no tienc en cuenta, por ejemplo, los procesos
cognitivos: el pensamiento racional, la toma de decisiones,
el aprendizaje... Además, Freud subestimó la importancia
del contexto en el que nos desarrollamos: las relaciones con
los demás y con nuestro entorno. Otras corrientes en psicología
defienden que la mente humana es mucho más compleja. Por
último, algunos de sus discípulos, como Jung, se mostraron en
desacuerdo con la idea de que el inconsciente es una fuente de

conflictos y deseos reprimidos y ampliaron esta concepción, enriqueciéndola con símbolos y arquetipos que todos los seres humanos compartimos.

¿Qué queda hoy de Freud en las consultas de psicología?

A pesar de estas críticas, nunca se ha negado el carácter innovador del método psicoanalítico de Freud. Sus teorías revolucionaron la psicología y contribuyeron a su desarrollo. Hasta entonces, nadie había realizado una investigación tan exhaustiva sobre la mente humana y, sobre todo, nadie había desarrollado una técnica para estudiarla en los pacientes.

Y aunque ha pasado más de un siglo y la psicología actual plantea un modelo más dinámico, seguimos encontrando en ella las huellas del psicoanálisis:

La asociación libre

En las consultas de psicología el paciente habla. El diálogo con el terapeuta continúa siendo clave para que este pueda trabajar y tratar un trastorno, y también fundamental para que el paciente exprese y sea más consciente de sus pensamientos y comportamientos. Un terapeuta busca crear en su consulta un espacio de confianza donde el paciente pueda expresarse libremente y sin miedo a ser juzgado. Y también tendrá en cuenta y querrá conocer sus experiencias pasadas. La diferencia con el psicoanálisis freudiano es que, en la actualidad, se usan, además, otras herramientas y estrategias más prácticas.

Por ejemplo, en la terapia conductiva-conductual se emplean estrategias de afrontamiento. Es decir, se pide al paciente que identifique un pensamiento automático negativo («si hablo en público haré el ridículo»), el terapeuta evalúa si esa sensación es real («¿hizo el ridículo la última vez que habló en público?») y se le ayuda a reformular el pensamiento inicial («me pondré nervioso, pero lo estaré menos si me preparo bien lo que voy a decir»). Y tal vez le proponga ensayar antes delante de un amigo, por ejemplo.

El papel del inconsciente en nuestras acciones

La psicología actual continúa considerando que detrás de las acciones que realizamos conscientemente existen motivaciones inconscientes que en algunos casos, incluso, se contradicen con esas acciones. Nuestro día a día está repleto de ejemplos de ello:

- El amor/odio que podemos sentir hacia una persona a la que amamos pero con la que estamos casi permanentemente en conflicto o desacuerdo.

- Desear un objeto caro y no comprarlo, aunque podamos permitírnoslo, porque nos sentimos culpables si gastamos tanto dinero.

- Cuidar a un familiar enfermo al que queremos y a la vez estar resentidos con él porque demanda toda nuestra atención.

Los sueños nos protegen y son una ventana al inconsciente

Diferentes investigaciones han logrado demostrar que, mientras soñamos, nuestro cerebro cambia la manera en que procesa la información que recibe del entorno. Por ejemplo, en la fase de sueño ligero sigue recogiendo los ruidos de la casa, aunque con menor intensidad que durante la vigilia, dando prioridad a los que realmente tienen importancia para nosotros (por ejemplo, el llanto del bebé para sus padres). En la de sueño profundo la desconexión con el entorno es muy importante porque necesitamos descansar y recuperarnos del ajetreo del día, y

también porque necesitamos soñar: los sueños nos ayudan a consolidar la memoria y los recuerdos y a regular nuestras emociones.

Así pues, Freud no iba desencaminado cuando afirmaba que los sueños tienen un papel protector. Y aunque generalmente no son un tema central en la psicología actual, algunos terapeutas siguen recurriendo a ellos como una herramienta para explorar el inconsciente. Es el caso de la psicoterapia psicoanalítica y psicodinámica (heredera de las teorías de Freud) o de la Gestalt.

Más allá de la psicología

Sigmund Freud es una figura indiscutible no solo en el campo de la psicología, también en el mundo de la cultura, la filosofía y las ciencias sociales. Pensador inquieto, luchador e investigador incansable, desarrolló y defendió hasta su muerte, contra toda crítica, un método, el psicoanálisis, que continúa vigente en algunos aspectos pese a haber transcurrido más de un siglo. Su obra sigue generando tanta admiración como debate, y estudiándose como uno de los pilares del pensamiento contemporáneo.

«Empecé mi vida profesional como neurólogo, traté de aliviar el sufrimiento de mis pacientes neuróticos, descubrí hechos nuevos importantes sobre el inconsciente. De estos descubrimientos nació una ciencia nueva, el psicoanálisis. Tuve que pagar un precio alto por este pequeño golpe de suerte. La resistencia ha sido fuerte e implacable, finalmente tuve éxito, pero la lucha sigue sin terminar. Mi nombre es Sigmund Freud».

(Grabación realizada por el propio Freud el 7 de diciembre de 1938, difundida por la BBC).

ARQUETIPOS

Patrones conductuales que se explican
en la fichas que acompañan este libro.

1. Conducta evitativa
2. Autoexigencia
3. Amabilidad excesiva
4. Miedo a relacionarse
5. Rebeldía
6. Miedo al abandono
7. Celos
8. No saber delegar
9. Inseguridad
10. Conducta caprichosa
11. Insistencia
12. Incoherencia
13. Conducta temeraria
14. Dependencia emocional
15. Conducta vengativa
16. Comportamiento
    compulsivo
17. Conducta negligente
18. Exceso de control
19. Adicciones
20. Tendencia al drama

21. Conducta manipuladora
22. Arrogancia
23. Conducta pasivo-agresiva
24. Cambiar de opinión
    constantemente
25. Conducta altruista
26. Hipocondría
27. Egocentrismo
28. Masoquismo
29. Paranoia
30. Autosabotaje
31. Conducta sobreprotectora
32. Intolerancia
33. Oportunismo
34. Hipersensibilidad
35. Mitomanía
36. Conducta bromista
37. Inmadurez
38. Conducta soñadora
39. Frialdad
40. Obsesión por la apariencia